Los geht's !

fragen
machen
staunen

15 Minuten

Experimente

Prof. Dr. Gisela Lück

Mit Illustrationen von Birgitta Nicolas und Frieder Werth

Mit Innenillustrationen von Birgitta Nicolas, Schwerte (S. 10, 18, 28, 36)
und Frieder Werth, Horb a. Neckar (Rest).

Umschlaggestaltung von ancutici kommunikationsdesign, Stuttgart,
unter Verwendung von Illustrationen von Birgitta Nicolas, Schwerte
und Frieder Werth, Horb a. Neckar (Steine).

Unser gesamtes lieferbares Programm und viele
weitere Informationen zu unseren Büchern,
Spielen, Experimentierkästen, DVDs, Autoren und
Aktivitäten findest du unter **kosmos.de**

Gedruckt auf chlorfrei gebleichtem Papier

© 2013, Franckh-Kosmos Verlags-GmbH & Co. KG, Stuttgart
Alle Rechte vorbehalten
ISBN: 978-3-440-13875-5
Redaktion: Jana Raasch
Gestaltung und Satz: ancutici kommunikationsdesign, Stuttgart
Produktion: Verena Schmynec
Printed in Slovenia / Imprimé en Slovénie

Haftungsausschluss
Alle Experimente in diesem Buch wurden sorgfältig ausgewählt und getestet.
Die Angaben erfolgen nach bestem Wissen und Gewissen. Sorgfalt bei der
Umsetzung ist dennoch geboten. Verlag und Autor übernehmen keinerlei Haftung
für Personen-, Sach- oder Vermögensschäden, die aus der Anwendung der
vorgestellten Materialien und Methoden entstehen können.

INHALT

UNSICHTBAR & TROTZDEM DA

Das „leere" Glas .... S. 13
Ein Glas Luft, bitte! .... S. 14
Stein, Zucker, Salz –
Wer macht das Rennen? ...... S. 16
Heiß und kalt .... S. 17

GENAU GESCHAUT

Der Limo-Test! .... S. 21
Das Milch-Labor .... S. 22
Klebrige Angelegenheit .... S. 23
Auf der Suche nach Stärke ... S. 25
Schoko-Alarm .... S. 27

AUS WASSER GEBAUT

Der Eisberg im Wasserglas .... S. 31
Ein Gletscher auf dem Teller ... S. 32
Frisch, aber kalt .... S. 34
Frisch, aber faltig .... S. 35

STILLE DEINEN WISSENSDURST

Glossar .... S. 38
Register .... S. 42

Eine Einführung für Eltern und Kinder

Wir haben uns schon an so viele Phänomene in unserem Alltag gewöhnt, dass wir uns meist gar nicht mehr fragen, warum manche Dinge so ablaufen oder wie etwas zusammenhängt. Nur manchmal – wenn wir genau hinhören und hinsehen – beginnen wir, doch noch zu hinterfragen. Dann zum Beispiel, wenn Kinder beginnen, ihre vielen Fragen zu stellen: Warum darf man nicht so viel leckere Schokolade essen? Was steckt in Limo? Und woraus ist eigentlich Luft?

EINFÜHRUNG

fragen

Dann fällt uns auf: wir Eltern, wir Erwachsene – wir wissen die Antwort eigentlich auch nicht so genau ...

machen

Mit einfachen Experimenten können Kinder mit ihren Eltern so mancher Frage auf den Grund gehen und ihre Neugier stillen. Dieses Experimentierbuch enthält alltagsnahe Experimente, die mit etwas Geschick immer gelingen, nur wenige Haushaltsmaterialien erfordern – und vor allem: Die schon in 15 Minuten zu einem sichtbaren Ergebnis führen.

staunen

Die Antworten auf die Phänomene werden gleich mitgeliefert: für Kinder und für deren Eltern.

unsichtbar & trotzdem da

Sie sind durchsichtig,
sie riechen nicht und trotzdem
sind sie da: Luft und Wasser.
Wir brauchen Luft zum Atmen und Wasser
zum Trinken. Obwohl man Luft nicht sieht und Wasser
meist klar ist, müssen wir sorgsam damit umgehen.
Verschmutzt machen sie krank. Das ist vor allem
in großen Städten ein Problem: wegen der
vielen Autos und Fabriken.

Im Herbst spürt man sie ganz besonders, wenn die Blätter von den Bäumen wehen oder die Drachen am Himmel ihre Kreise ziehen: die Luft um uns herum.

Aber ist Luft wirklich überall?
Finde es selbst heraus!

Luftikus

UNSICHTBAR & TROTZDEM DA

 Trinkst du ein Glas Milch aus, ist es danach leer. Oder? Teste das in einem Experiment!

Das „leere" Glas

So gehst du vor:
Stelle die Wasserschüssel auf den Tisch. Als Nächstes das Glas Milch austrinken und los geht's: Halte das Glas mit der Öffnung nach unten ins Wasser. Drücke es vorsichtig gerade runter. Merk dir, ob das leicht oder schwer geht. Nun kippe das Glas ein ganz kleines bisschen zur Seite. Sieh genau hin: Was passiert?

Das brauchst du:

1 große Schüssel mit Wasser

1 Glas (gefüllt mit Milch)

Das passiert:
Es ist gar nicht so leicht, das Glas nach unten zu drücken. Es scheint, als würde etwas von unten dagegen drücken. Hast du es gerade gehalten, wird es innen nicht nass – egal, wie weit du es ins Wasser tauchst.
Beim Kippen steigen plötzlich Blasen auf. Die bestehen aus dem, was zuletzt im Glas war: aus Luft. Wie kam aber die Luft ins leere Glas? Luft ist überall: draußen, drinnen, unterm Tisch, im Schrank – auch im leeren Glas. Sobald die Milch weg ist, füllt Luft das Glas aus.

13

Ein Glas Luft, bitte!

Das brauchst du:

- 2 leere, gleich große Gläser
- 1 große Schüssel mit Wasser
- 1 abwaschbare Unterlage oder eine abwaschbare Tischplatte

 Wasser oder Sand lassen sich ganz einfach von einem Glas ins andere füllen. Aber wie ist das mit Luft?

 So gehst du vor:

1. Lege ein Glas so ins Wasser, dass es sich füllt.
2. Ziehe es vorsichtig nach oben, aber nur so weit, dass die Öffnung unter Wasser bleibt.
3. Halte das zweite Glas mit der Öffnung nach unten auf die Wasseroberfläche. Jetzt hast du ein Glas mit Luft und ein Glas mit Wasser.
4. Drücke nun das Glas mit der Luft unter Wasser – gerade, so dass keine Bläschen aufsteigen. Kippst du es dann ein bisschen, kannst du die Luft mithilfe der Bläschen von einem Glas ins andere füllen.

 Das passiert:

Das Wasser im ersten Glas kann nicht raus, wenn die Öffnung unter Wasser ist. Genauso wenig die Luft im zweiten Glas. Kippst du das Glas mit der Luft, steigen Luftbläschen nach oben, weil sie leichter sind als Wasser. Stoßen sie an den Rand des Glases, können sie nicht weiter, sammeln sich und drängen das Wasser zurück in die Schüssel.

Wasser ist wichtig! Jeder Mensch und jedes Tier hat Wasser im Körper, das täglich verloren geht: durch Schwitzen, auf der Toilette und sogar beim Atmen. Deshalb müssen wir viel trinken und den Wasservorrat wieder auffüllen – ungefähr zwei Liter Wasser oder Tee am Tag.

Manchmal steckt im Wasser aber mehr, als man sehen kann.
Finde heraus, wie das geht!

Aufgelöst

Stein, Zucker, Salz – wer macht das Rennen?

Das brauchst du:
- 1 Kanne mit kaltem Wasser
- 1 Teelöffel
- 3 Gläser
- 1 kleinen Stein
- Kochsalz
- Traubenzucker (es geht auch normaler Zucker)
- dunkle Unterlage

Manchmal schmeckt Wasser zuckersüß, manchmal auch ganz salzig wie im Meer – obwohl man das nicht sieht. Was passiert, wenn Zucker, Salz oder Stein mit Wasser in Berührung kommen?

So gehst du vor:
Fülle alle drei Gläser mit der gleichen Menge Wasser und stelle sie auf die dunkle Unterlage. In ein Glas legst du den Stein, ins zweite gibst du einen Teelöffel Zucker und ins dritte einen Teelöffel Salz. Schau genau hin: Was löst sich zuerst? Wird das Wasser trüb, warte ab, bis es wieder klar ist.

Das passiert:
Die Gläser mit Zucker und Salz werden erst milchig, dann wieder klar. Zucker und Salz scheinen verschwunden. Sie sind aber nicht weg, sondern haben sich im Wasser aufgelöst: Süßes Zuckerwasser und ekliges Salzwasser sind entstanden. Das Zuckerglas wird zuerst wieder klar, denn Zucker löst sich schneller als Salz. Wasser gelangt leichter zwischen die Zucker- als zwischen die Salzteilchen. Beim Glas mit dem Stein passiert nichts: Das Wasser kommt nicht in den Stein. Zucker und Salz sind wichtige Nährstoffe. Aufgelöst gelangen sie überall hin. Salz brauchen wir viel weniger, deshalb ist es gut, dass es sich langsam löst.

UNSICHTBAR & TROTZDEM DA

Zucker ist ein wichtiger Energielieferant. Damit der Zucker da hingelangt, wo er gerade gebraucht wird, ist er im Wasser aufgelöst – so wie im letzten Experiment. Anders als Leitungswasser ist unsere Körpertemperatur aber viel höher. Löst sich der Zucker genauso gut?

So gehst du vor:

Stelle die Gläser auf eine dunkle Unterlage und fülle ein Glas mit kaltem, ein Glas mit warmem Wasser. Gib mit dem Teelöffel gleich viel Traubenzucker in jedes Glas. Was kannst du beobachten?

Das passiert:

Der Zucker löst sich im Glas mit dem warmen Wasser schneller auf. Das liegt daran, dass warmes Wasser besser zwischen die Zuckerteilchen kommt. Unser Körper hat mit 37°C eine Temperatur, bei der sich Zucker und andere Nährstoffe besonders gut lösen. Das ist wichtig, damit sie mithilfe von Wasser und Blut überall in den Körper gelangen. Strengen wir uns an, zum Beispiel beim Sport, brauchen wir viel Zucker, zum Beispiel in den Beinmuskeln beim Rennen.

Heiß und kalt!

Das brauchst du:

1 Teelöffel

1 Kanne mit kaltem Wasser

1 Kanne mit warmem Wasser

2 Gläser

Traubenzucker (es geht auch normaler Zucker)

dunkle Unterlage

17

Genau geschaut

Jeden Tag essen und trinken wir.
Vieles schmeckt lecker,
anderes mögen wir nicht so gern.
Manches ist gesund, anderes weniger.
Ob süß oder salzig – unsere Nahrung besteht
aus verschiedensten Stoffen, die für
den Körper wichtig sind. Aber man braucht
nicht von allem gleich viel:
die Mischung macht's!

Braucht der Körper Nachschub in Sachen Flüssigkeit, bekommen wir Durst. Manchmal haben wir aber auch Lust auf Saft, Limo, Milch oder Kakao.

Warum schmeckt das besser als Wasser?
Finde heraus,
was in Limo und Co. steckt!

zucker-schnute

GENAU GESCHAUT

 In Orangenlimo sind Orangen. Oder? Warum ist die Limo dann viel süßer als Orangen? Mache den Test!

Der Limo-Test!

So gehst du vor:
Gib etwas Limo in das Glasschälchen: gerade so viel, dass der Boden bedeckt ist. Dann stellst du das Schälchen an einen warmen Platz – am besten in die Sonne auf die Fensterbank. Jetzt brauchst du etwas Geduld, bis das Wasser aus der Limo durch die Sonne verdunstet ist (je nach Menge der Limo ungefähr einen Tag). Was bleibt am Ende im Schälchen?

Das passiert:
Am Boden des Schälchens bleibt von der Limo nur ein klebriger Belag übrig. Was das ist, kannst du leicht herausfinden: Probier mal mit der Zunge! Schmeckt zuckersüß, oder? Genau: Limo enthält neben Wasser und Geschmacksstoffen, die für den Orangengeschmack sorgen, auch ziemlich viel Zucker. Der verdunstet nicht und bleibt am Boden des Schälchens kleben. Zucker macht übrigens durstig – Limo ist also kein guter Durstlöscher!

Das brauchst du:
1 Glas Limonade   1 Glasschälchen
sonnige Fensterbank
(im Winter: mit Heizung darunter)

Teste auch andere Getränke wie Saft, Tee oder Apfelschorle auf dieselbe Weise. Welche enthalten viel Zucker, welche wenig?

21

Das Milch-Labor

? Milch besteht nicht nur aus Wasser, sondern aus verschiedenen Stoffen. Anders als Limo ist sie aber nicht ganz so süß und ziemlich gesund.
Warum, findest du mit diesem Experiment heraus!

So gehst du vor:
Gib zwei Esslöffel Essig in ein halbes Glas Milch und rühre um. Warte etwa eine Minute, bis die Milch gerinnt. Das erkennst du daran, dass sich weiße Klümpchen in der Milch bilden, die zu Boden sinken. Oben bleibt eine trübe Flüssigkeit übrig. Diese Flüssigkeit gießt du durch ein feines Sieb oder das Küchentuch in das eine Glas. Drücke die Klümpchen vorsichtig aus, bis kaum noch Flüssigkeit darin ist. Dann kommen sie ins zweite Glas.

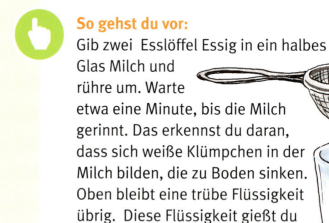

Das passiert:
Milch wird durch Essig in ihre Bestandteile getrennt: Wasser, Fett und Eiweiß. Das Wasser mit etwas Fett ist im dünnflüssigen, trüben Teil: der „Molke". Das Eiweiß setzt sich ab und bildet Klümpchen. Man sagt es „flockt aus". Das passiert auch, wenn Milch sauer wird. Milch ist zum Durstlöschen nicht gut, weil es neben Wasser viele andere Stoffe enthält. Gesund ist sie trotzdem, denn Eiweiß ist ein wichtiger Baustoff für den Körper.

Das brauchst du:

- Ein halbes Glas Milch
- 2 leere Gläser
- Essig
- sehr feines Sieb oder dünnes Küchentuch
- 1 Esslöfel

GENAU GESCHAUT

Eiweiß ist nicht nur für den Körper ein wichtiger Baustoff. Du kannst ihn auch gut zum Basteln nehmen: als Kleber! Wie das geht? Mach's nach!

So gehst du vor:
Gib eine Löffelspitze Backpulver und ein paar Tropfen Wasser in die weiße, dicke Masse aus dem Experiment vorher. Das ist das Eiweiß „Kasein" aus der Milch. Rühre alles gleichmäßig um. Fertig ist der Eiweiß-Kleber! Nun brauchst du nur noch Papier und Bastelideen zum Kleben, Kleben, Kleben …

Bastel-Tipp

Klebrige Angelegenheit

Das brauchst du:

Eiweiß aus der Milch (die Klümpchen aus dem Experiment vorher)

1 Glas Wasser

1 Esslöffel

Backpulver

Papier zum Basteln und Kleben

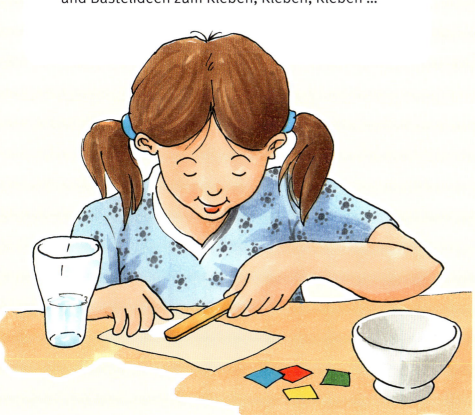

23

Brot, Kartoffeln, Reis und Müsli haben einiges gemeinsam: Es sind gesunde Nahrungsmittel, die Stärke enthalten. Stärke ist für den Körper sehr wichtig, weil sie Energie speichert und ein Ballaststoff ist, der für längere Zeit gut sättigt. Stärke macht stark, denn sie gibt den Muskeln Kraft zum Spielen, Toben und Rennen.

Wovon wirst du bärenstark?
Das kannst du ganz
leicht testen!

Bären-stark

GENAU GESCHAUT

Ob du von einem Nahrungsmittel bärenstark wirst, weil Stärke darin ist, kannst du leicht herausfinden: Mit einer Flüssigkeit namens Jod wird Stärke sichtbar!

So gehst du vor:
In jedes Schälchen legst du ein kleines Stück von dem, was du testen möchtest: Brot, Apfel, Möhre und Zucker zum Beispiel. Bevor es weiter geht, überlege einmal: Worin vermutest du Stärke? Jetzt gibst du auf jedes Stückchen ein paar Tropfen Jod. Schau genau, was sich ändert!

Möhre

Brot   Apfel

Das passiert:
Das Brotstückchen färbt sich tiefblau. Apfel, Möhre und Zucker bleiben unverändert, nur die braune Farbe des Jods ist zu sehen. Jod verfärbt sich nur zusammen mit Stärke blau, deshalb kann man dann sicher sagen, in welchen Lebensmitteln Stärke vorkommt. Zucker ist auch ein wichtiger Energielieferant, aber er verfärbt sich nicht, weil er anders aufgebaut ist als Stärke.

Auf der Suche nach Stärke

Das brauchst du:

5 Glasschälchen — Apfel- und Möhrenstückchen

Jod (aus der Apotheke) — ein kleines Stück Brot

Prüfe auch andere Lebensmittel auf Stärke: Milch, Gurken, Limo oder Bananen zum Beispiel. Wichtig: immer nur ein kleines Stück nehmen, weil man es danach nicht mehr essen sollte.

Schokolade, Kuchen und Süßigkeiten schmecken lecker!
Sie sind süß, enthalten also viel Zucker, aber leider
keine Nährstoffe oder Vitamine.
Dazu ist der viele Zucker für unsere Zähne echt gefährlich.

Warum, erfährst du im nächsten Versuch.
Mach mit!

Leckermäulchen

GENAU GESCHAUT

Viel Schokolade, viele Löcher im Zahn! Sagt das deine Mama auch immer? Teste selbst, ob das stimmt!

So gehst du vor:
Statt deiner Zähne nimmst du ein Ei, denn die Schale besteht wie die Zähne aus Kalzium – aber es ist nicht schlimm, wenn das Ei kaputt geht. Setze es in einen Eierbecher und putze die obere Hälfte mit Zahnbürste und Zahnpasta. Putze so, wie du deine Zähne putzt: gründlich drei Minuten lang. Dann wische den Rest Zahnpasta von der Schale ab und lege das Ei in ein Glas. Merk dir, welche Seite du geputzt hast. Gieße Essig dazu, bis das Ei bedeckt ist. Der Essig bewirkt dasselbe, wie die Schokolade im Mund. Warte ein paar Minuten. Was passiert?

Schoko-Alarm!

Das brauchst du:

1 Glas
1 Zahnbürste
1 Eierbecher
1 gekochtes Ei
Essig
Taschentuch
Zahnpasta mit viel Fluorid

Das passiert:
Auf der Seite, die du nicht geputzt hast, bilden sich Bläschen, die nach oben steigen. Das passiert, weil der saure Essig mit dem Kalzium der Schale reagiert. Die Bläschen sind das Gas Kohlenstoffdioxid. Hast du gut geputzt, steigen auf der anderen Hälfte des Eis keine Bläschen auf. Der Essig gelangt nicht zur Schale, weil das Fluorid der Zahnpasta sie gut schützt. Essen wir Schokolade, bilden sich im Mund durch Bakterien auch Säuren. Die greifen die Zähne an, wie der Essig die Eischale.

Aus Wasser gebaut

In unserem Körper
ist Wasser, in allem,
was wir essen und trinken
ist Wasser und auch in der Natur
ist überall Wasser:
in Flüssen, Meeren oder als
Schnee und Eis.
Ohne Wasser gäbe es kein Leben.
Wir brauchen es zum Trinken
und Pflanzen zum Wachsen.

Wasser gibt es nicht nur in Flüssen und Seen sondern,
auch in Form riesiger Eisberge. Die sind für unsere Erde sehr wichtig.
Sie schwimmen in den Meeren am Nord- und Südpol und
sorgen dafür, dass das Wasser kalt bleibt.
Auch auf hohen Bergen gibt es gewaltige Eismassen:
die Gletscher. Sie kühlen im Sommer die Bergwelt.

Mach mit und erfahre ganz viel über
Eis, Eisberge und Gletscher!

Eiszeit

AUS WASSER GEBAUT

Wenn Eis schmilzt, wird es zu Wasser. Schmelzen die riesigen Eisberge im Meer, steigt dann der Wasserstand? Mach mit und finde heraus, was passiert, wenn Eisberge im Wasser schmelzen.

So gehst du vor:
Auf der abwaschbaren Unterlage stellst du Glas, Wasser und Münzen bereit. Der Eiswürfel kommt zuletzt dazu. Fülle das Glas mit Wasser. Auf die Wasseroberfläche legst du den Eiswürfel. Damit das Glas wirklich randvoll wird, gibst du vorsichtig Münze für Münze ins Glas, bis sich ein kleiner Wasserhügel oben bildet – nur überlaufen darf es nicht. Falls es doch eine Münze zu viel war, das übergelaufene Wasser wegwischen und noch mal probieren. Nun heißt es genau hinsehen: Der Eisberg beginnt zu schmelzen! Aber wird er das Glas zum Überlaufen bringen?

Der Eisberg im Wasserglas

Das brauchst du:

1 Kanne warmes Wasser — 1 Eiswürfel

1 Glas — einige Münzen (Cent-Stücke)

abwaschbare Unterlage

Das passiert:
Nur ein kleiner Teil des Eiswürfels ragt aus dem Wasser. Der größte Teil bleibt unter Wasser. Schmilzt der Eiswürfel, dann braucht das Wasser etwas weniger Platz als der ganze Eiswürfel: Ganz genau so viel, wie vorher der Teil des Eiswürfels unter Wasser gebraucht hat. Deshalb steigt der Wasserspiegel weder im Glas noch im Meer an, wenn Eis schmilzt!

? Wenn Eisberge im Meer schmelzen, bleibt der Wasserstand gleich. Wie ist das aber bei Gletschereis, das nicht im Meer liegt, sondern hoch oben in den Bergen? Mach mit und bringe einen Gletscher zum Schmelzen!

So gehst du vor:
Wie der Gletscher auf dem Fels liegt, so kommt auch dein Mini-Gletscher auf eine feste Unterlage: Lege den Eiswürfel auf einen Teller. Was passiert mit dem Wasser, wenn der Eiswürfel schmilzt?

Ein Gletscher auf dem Teller

Das brauchst du:
1 Eiswürfel

1 flachen Teller

Das passiert:
Nach einiger Zeit ist der Eiswürfel geschmolzen und auf dem Teller eine kleine Wasserpfütze. Wäre dein Gletscher jetzt in den Bergen statt auf dem Teller, würde die Pfütze den Berg hinab bis in den nächsten Bach fließen, weil das Wasser nicht in den Fels dringt. Mit dem Bach würde es in einen großen Fluss und mit dem Fluss irgendwann ins Meer gelangen. Schmelzen die Gletscher in den Bergen, würde der Wasserstand von Flüssen und dem Meer also tatsächlich etwas steigen.

Nahrungsmittel wie Obst, Gemüse, Fleisch, Fisch, Wurst oder Käse sind gesund, solange sie frisch sind. Nach einiger Zeit faulen und verderben sie, weil sie von Bakterien zersetzt werden.
Das war vor allem für die Menschen früher problematisch, die im Winter keine frischen Nahrungsmittel finden konnten.

Kennst du die Tricks, wie man Frisches haltbar machen kann?

Kalt, trocken, frisch!

Frisch, aber kalt

Das brauchst du:
- 2 dünne Scheiben einer Gurke
- 2 Glasschälchen
- Kühlschrank

 Heute hebt man alles, was frisch bleiben soll, meistens im Kühlschrank auf. Warum eigentlich?

 So gehst du vor:
Lege je eine Gurkenscheibe in ein Glasschälchen. Stelle ein Glasschälchen in den Kühlschrank und lasse das andere Schälchen auf dem Küchentisch stehen. Wie haben sich beide Scheiben nach einem Tag verändert?

 Das passiert:
Die Scheibe im Kühlschrank verändert sich kaum, während die Scheibe bei den Temperaturen im Zimmer schrumpelig wird und unangenehm riecht. Je niedriger die Temperatur ist, desto besser bleiben Nahrungsmittel frisch: im Kühlschrank also viel länger als im Zimmer und im Gefrierschrank noch länger. Das liegt daran, dass die Bakterien, die dafür sorgen, dass etwas fault, bei niedrigen Temperaturen nicht gut leben können. Daher bleiben gekühlte Sachen länger frisch.

AUS WASSER GEBAUT

Obst und Gemüse sind lecker und gesund! Nur leider werden sie schnell faulig. Aber es gibt einen einfachen Trick, mit dem man die Vitamin-Bomben länger aufheben kann!

So gehst du vor:
Lege die eine Gurkenscheibe in das Glasschälchen und stelle es an einen warmen Platz. Am besten bittest du einen Erwachsenen es einige Minuten bei 180°C im Ofen zu trocknen. Lege die zweite Gurkenscheibe in das andere Glasschälchen und stelle es an einen sicheren Ort in der Küche (zum Beispiel auf den Schrank), aber nicht in den Kühlschrank. Sehen die Scheiben mit der Zeit unterschiedlich aus?

Frisch, aber faltig

Das passiert:
Die Gurke, die im Ofen stand, verliert allmählich ihr Wasser, schrumpelt und trocknet dabei ein. Die Gurke in der Küche bekommt braune Stellen, was darauf hindeutet, dass sie fault. Getrocknete Nahrungsmittel sind sehr haltbar, denn ohne Wasser können Keime und Bakterien nicht überleben und die Nahrungsmittel verderben nicht. Wenn getrocknete Nahrungsmittel zurück ins Wasser gelegt werden, saugen sie sich wieder voll.

Das brauchst du:

2 Glasschälchen   2 dünne Scheiben einer Gurke

35

Stille deinen Wissensdurst

In den letzten Kapiteln
hast du viele Experimente gemacht.
Dabei sind dir bestimmt einige
Wörter begegnet, die neu für dich waren.
Die werden auf den folgenden Seiten
nochmal erklärt und du kannst
sie jederzeit nachschlagen.

Glossar

Hier erfährst du mehr zu den Begriffen aus dem Buch. Steht ein kleiner Pfeil vor dem Wort, findest du zu dem Wort auch eine Erklärung im Glossar.

Manche Stoffe, wie Zucker oder Salz, lassen sich in ➜ Wasser auflösen. Sie sind noch da, aber nicht mehr zu sehen, weil sich winzige Wasserteilchen zwischen die Zucker- und Salzteilchen drängen. So aufgelöst, werden ➜ Nährstoffe wie Zucker überall in den Körper transportiert. Bei Körpertemperatur löst sich Zucker schnell, Salz dagegen langsam. Das ist ein guter Schutz gegen zu viel Salz – denn das brauchen wir nur in kleinen Mengen.

Versuchst du, einen Gegenstand unter ➜ Wasser zu drücken, fühlt es sich an, als würde etwas von unten dagegen drücken. Das Wasser übt Druck aus. Aber auch ➜ Luft übt Druck aus. Das siehst du zum Beispiel, wenn du sie von einem Glas in ein anderes füllst. Sie drückt Wasser aus dem Glas, bis es mit Luft statt mit Wasser gefüllt ist (das Experiment findest du auf Seite 14).

Bakterien sind winzig kleine Lebewesen, die überall leben. Manche Bakterien machen krank, andere sind zwar da, schaden uns aber nicht. Wieder andere brauchen wir sogar. Im Magen und Darm helfen bestimmte Bakterien zum Beispiel dabei, ➜ Nährstoffe aufzunehmen. Manche Bakterien im Mund dagegen wandeln Zucker in ➜ Säure um, die die Zähne angreift. Daher immer gründlich Zähne putzen und nicht über den ganzen Tag verteilt Zucker essen. Bakterien sorgen auch dafür, dass Lebensmittel wie Obst faulen.

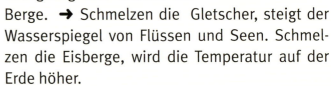

Eisberge und ➜ Gletscher sind für die Erde sehr wichtig. Eisberge halten die Meere kühl, Gletscher sind einzigartig und kühlen die Berge. ➜ Schmelzen die Gletscher, steigt der Wasserspiegel von Flüssen und Seen. Schmelzen die Eisberge, wird die Temperatur auf der Erde höher.

GLOSSAR

Fluorid

Fluorid ist ein Bestandteil von Zahnpasta. Es legt sich wie eine Schutzschicht um die Zähne. Säuren können dann nicht angreifen und Löcher verursachen.

Flüssigkeit

Flüssigkeiten, die du kennst, sind zum Beispiel ➔ Wasser, Saft oder Milch. Kühlt man Flüssigkeiten stark ab (beispielsweise im Gefrierschrank), werden sie fest (Wasser ➔ gefriert zu ➔ Eis). Erwärmt man sie, dann wandeln sie sich in ein ➔ Gas (Wasser verdampft beim Kochen).

Gas

Gase kann man nicht sehen und meist auch nicht riechen oder schmecken. Die ➔ Luft besteht aus ganz verschiedenen Gasen wie zum Beispiel Sauerstoff, den wir einatmen, und ➔ Kohlenstoffdioxid, das wir ausatmen. Wenn man ➔ Flüssigkeiten erhitzt, werden sie zu Gas.

Gefrieren

Wasser und andere ➔ Flüssigkeiten verändern sich bei sehr kalten Temperaturen: Man kann sie plötzlich nicht mehr ausgießen, weil sie erstarren, also fest werden. Der Nord- und der Südpol sind von riesigen Eisbergen bedeckt und in hohen Gebirgen gibt es gefrorene Wassermassen in Form von ➔ Gletschern.

Gletscher

Gletscher sind Eisfelder in hohen Bergen. Schnee fällt, sammelt sich, wird zusammengedrückt und gefriert zu ➔ Eis. Diese Eismassen sind richtig groß und haben viele tiefe Spalten. Gletscher bewegen sich langsam und rutschen im Zeitlupentempo ins Tal, während oben neues Eis entsteht. Weil die Erde immer wärmer wird, ➔ schmelzen die Gletscher und werden immer kleiner. Gletscher sind wichtig für das Klima: Sie halten die Berge kühl und sorgen für die einzigartige Tier- und Pflanzenwelt der Gebirge.

Kalzium ist ein wichtiger Bestandteil von Knochen und Zähnen. Es sorgt dafür, dass sie fest und stabil bleiben und zugleich elastisch sind. Kalzium nehmen wir mit der Nahrung auf: Es ist vor allem in Milch, Joghurt und Käse enthalten. Werden die Zähne angegriffen, zum Beispiel durch ➜ Bakterien, die ➜ Nährstoffe in ➜ Säuren verwandeln, löst sich der Zahn auf und man bekommt schmerzhafte Löcher. Deshalb am besten immer gründlich Zähne putzen und genügend Kalzium aufnehmen.

Kohlenstoffdioxid ist ein ➜ Gas, das man nicht sehen, riechen oder schmecken kann. Es ist nicht giftig, denn wir alle atmen es aus. Zu viel davon in der ➜ Luft ist aber nicht gut. Bäume wandeln Kohlenstoffdioxid wieder in Sauerstoff um, den wir zum Atmen brauchen. Beide Gase sind in der Luft enthalten.

Die Luft umgibt uns, auch wenn wir sie nicht sehen. Sie füllt alles aus, was „leer" zu sein scheint. Luft ist besteht aus verschiedenen ➜ Gasen, wie zum Beispiel aus Sauerstoff, den wir zum Atmen brauchen. Saubere Luft ist wichtig für Mensch und Tier.

Milch ist sehr gesund. Sie enthält außer ➜ Wasser auch viel Eiweiß, ➜ Kalzium und andere wichtige ➜ Nährstoffe. In Limo und Säften steckt viel Zucker. Zum Durstlöschen ist deshalb Wasser oder Tee am besten geeignet.

Nährstoffe sind Stoffe, von denen wir uns ernähren. Der Körper braucht verschiedene Nährstoffe: Stärke (Zucker), Eiweiß, Fett, Vitamine, Ballaststoffe und Mineralstoffe. Dabei ist die Mischung wichtig. ➜ Stärke, also Zucker, liefert Energie für den Tag und steckt in Brot, Müsli, Kartoffeln oder Nudeln. Eiweiß ist wichtig für Muskeln und Wachstum. Besonders Fleisch, Fisch, Milch oder Käse enthalten Eiweiß. Davon brauchen wir etwas weniger als Zucker. Fett benötigt der Körper zum Beispiel, um Vitamine aufzulösen. Es reicht aber ein kleines

GLOSSAR

bisschen. Gesunde Vitamine, Ballast- und Mineralstoffe stecken in Obst und Gemüse. Und natürlich nicht vergessen: Viel Wasser oder Tee trinken! In leckerer Schokolade ist leider viel Fett enthalten, sodass man sich nur ab und zu ein Stückchen gönnen sollte.

Wird ein fester Stoff flüssig, sagt man er schmilzt. Das passiert, sobald die Temperatur hoch genug ist: Eis schmilzt zum Beispiel bei mehr als 0°C, Kerzenwachs dagegen erst mit der Hitze des Feuers.

Schmelzen

Stärke

Stärkehaltige (also zuckerhaltige) Nahrungsmittel sind gesund und sättigend. Sie liefern uns Energie.

Verdunsten

Wäsche trocknet an der Luft und ein Schälchen mit Wasser ist nach einiger Zeit leer, wenn man es stehen lässt. Das flüssige Wasser löst sich buchstäblich in Luft auf. Das nennt man Verdunsten. Je wärmer es ist (zum Beispiel in der Sonne), desto schneller verdunstet Wasser.

Säure

Viele Nahrungsmittel enthalten Säuren. Sie schmecken sauer. Eine Zitrone hat zum Beispiel sehr viel Säure und schmeckt sehr sauer. Manche Lebewesen wie ➜ Bakterien produzieren Säuren. Zu starke Säuren sind schädlich für uns: Sie können Zähne, Haut und Knochen angreifen und zerstören. Daher immer gut Zähne putzen.

Wasser

Wasser ist lebenswichtig für Menschen, Tiere und Pflanzen. Es kommt in Flüssen, Seen und Meeren vor, als Wolken oder ➜ Eis an den Polen. Wir trinken Wasser und die Nahrung wird darin ➜ aufgelöst. Auch Pflanzen nehmen Wasser über die Wurzeln auf und transportieren ihre ➜ Nährstoffe bis in die höchsten Blätter.

Register

Auflösen	15-17
Ballaststoff	24
Brot	24-25
Durst	20-22
Ei	27
Eisberg	29-32
Eiswürfel	31-32
Eiweiß	22-23
Energie	17, 24-25
Essig	22, 27
Fluorid	27
Frisch	33-35
Gas	27
Gemüse	33
Gletscher	29-30, 32
Haltbar	33-35
Jod	25
Kalzium	27
Kartoffeln	24
Kohlenstoffdioxid	27
Körper	15, 17, 20, 24
Kühlen	30, 34

REGISTER

Limo	21	Schmelzen	31-32
Luft	11-14	Schokolade	26-27
Luftblasen	13-14	Stärke	24-25
Milch	22-23	Süßigkeiten	26-27
Molke	22	Traubenzucker	16-17
Muskeln	17, 24	Trinken	11, 15
Müsli	24	Trocknen	35
Nährstoffe	17, 19-27	Wasser	11, 13-17
Nahrungsmittel	19-27, 33-35	Zähne	26-27
Obst	33	Zucker	21, 25-26
Salzlösung	16	Zuckerlösung	16

Die Natur erkunden

© 2013 Studio 100 Animation
Nach Waldemar Bonsels „Die Biene Maja"
www.maja.tv – www.studio100.de
™ Studio 100

ab 4 Jahren | €/D 17,99 (UVP)

Schmetterlinge anlocken, Insekten mit der Becherlupe erforschen, Sonnenblumen züchten ... Mit abwechslungsreichen Versuchen zu den Themen Naturbeobachtung, Pflanzen, Licht und Farben sowie Wasser und Luft können Kinder ab 4 Jahren erste Forscher-Erfahrungen sammeln.

Für junge Forscher und Entdecker

Film ab

ab 5 Jahren | €/D 39,99 (UVP)

Kinder haben viele Fragen: Wie entstehen die Farben des Regenbogens? Warum friert man, wenn man nass wird? Ist der Regen irgendwann alle? Spannende Versuche wecken die Neugierde und den Forscherdrang der Kinder. Spielerisch werden so naturwissenschaftliche Hintergründe alltäglicher Phänomene für Kinder begreifbar gemacht. Dank Bildanleitungen können sie selbstständig experimentieren und Antworten auf ihre Fragen finden.

kosmos.de